LA PAIX.

LA PAIX.

—

« L'Europe a été en général si injuste envers
« moi au début de la guerre, que j'ai été heureux
de pouvoir conclure la paix dès que l'honneur
« et les intérêts de la France ont été satisfaits, et
« de prouver qu'il ne pouvait entrer dans mes
« intentions de bouleverser l'Europe et de susciter
« une guerre générale. J'espère qu'aujourd'hui
« toutes les causes de dissentiment s'évanouiront
« et que la paix sera de longue durée. »

NAPOLÉON III au corps diplomatique.

PARIS

E. DENTU, LIBRAIRE-ÉDITEUR,

Palais-Royal, 13, Galerie-d'Orléans.

—

1859

Paris. — Imprimerie de Pommeret et Moreau, 42, rue Varin.

Le discours adressé aux grands corps de l'État par
l'Empereur, à l'occasion de la paix, inaugure une ère
nouvelle dans la politique de la France et dans celle de
l'Europe.

Jamais souverain n'a tenu à son peuple un langage
pareil à celui que nous venons d'entendre, et ce langage
est si conforme aux sentiments et à l'opinion de la nation
française, qu'elle croit parler elle-même en l'écoutant.

Dans ce discours mémorable, l'Empereur disait :

« Il fallait se résoudre à briser hardiment les entraves
« opposées par les territoires neutres, et alors accepter
« la lutte sur le Rhin comme sur l'Adige. Il fallait par-
« tout franchement se fortifier du concours de la révolu-
« tion. Il fallait répandre encore un sang précieux, qui
« n'avait que trop coulé déjà; en un mot, pour triom-
« pher, il fallait risquer ce qu'il n'est permis à un sou-
« verain de mettre en jeu que pour l'indépendance de
« son pays. »

Et, tournant ses regards vers l'avenir :

« Après avoir donné, termine-t-il, une nouvelle preuve
« de la puissance militaire de la France, la paix que je
« viens de conclure sera féconde en heureux résultats ;
« l'avenir les révélera chaque jour davantage, pour le
« bonheur de l'Italie, l'influence de la France, le repos
« de l'Europe. »

Nous entendons vanter sans cesse les institutions an-
glaises ; sans doute, sur une interpellation du membre le
plus obscur de la Chambre des communes, les hommes
les plus considérables de l'aristocratie (les seuls pour
lesquels le pouvoir ne soit pas une fiction), s'ils siégent
sur les bancs ministériels, doivent venir justifier le
moindre de leurs actes politiques ; mais peut-on de
bonne foi préférer la politique que nous avons vu pratiquer
ces derniers mois en Angleterre, au grand scandale de
tout ce qu'il y a de cœurs honnêtes en Europe, à la politique loyale, généreuse, en un mot, toute française, ré-
vélée derechef de la manière la plus éclatante par le dernier discours de l'Empereur?

Ici, le souverain né s'entoure point de tous ces mys-
tères dont l'ancienne société réclame, même en Angleterre, le bénéfice. Il dit à son peuple, dont rien ne le
sépare, ni castes, ni préjugés, ni divergence d'intérêts,

ce qu'il veut, et il le dit avec la certitude que sa volonté est celle de la nation. Son seul secret est celui des moyens à employer ; mais, sa tâche accomplie, il vient rendre compte au peuple, non-seulement de ses actes, mais des motifs qui l'y ont déterminé.

Si de ces paroles, d'une grandeur si simple, nous reportons nos méditations sur les opinions, les espérances, les craintes si diverses que la paix de Villafranca a produites en Europe, que s'offre-t-il à nos yeux ?

Le premier moment a été tout entier à la surprise pour les uns, à la stupéfaction pour les autres. Le gouvernement anglais se voyait amoindri dans son égoïste neutralité , lui dont les excitations avaient tant de fois couvert l'Italie de deuil , parce qu'il laissait écraser impitoyablement ceux qu'il avait séduits par le prisme trompeur d'encourageantes paroles. La France faisait sans lui la paix avec cette Autriche, dont le cabinet anglais avait après tout encouragé l'agression par la duplicité de sa conduite.

Dans les petits Etats allemands, la surexcitation factice produite par de perfides calomnies tombe tout à coup ; le peuple se voit joué, et après qu'on a dépensé en armements, que la loyauté de l'Empereur rendait inutiles, des sommes immenses, on est forcé, aujourd'hui que

la grande coalition est déjouée, de demander aux peuples
de sens rassis les ressources nécessaires pour réparer de
gratuites folies qu'on est honteux d'avoir commises plus
qu'on ne le regrette. Et comme il faut pourtant qu'on
s'en prenne à quelqu'un, c'est à la Prusse qu'on s'atta-
que, à la Prusse, qui, pour ne pas pouvoir s'entendre avec
l'Autriche, ne lui a pas moins emprunté sa politique de
la guerre de Crimée, en jouant un rôle dont personne ne
paraît encore avoir deviné le sens, et que le cabinet de
Berlin serait lui-même, croyons-nous, bien embarrassé
d'expliquer s'il était contraint à en rendre compte.

La Russie, elle, paraît avoir été sympathique à la
France dans cette guerre, mais nous ne pourrions deviner
le rôle qu'elle eût joué, si une insurrection avait éclaté
en Hongrie et dans la Bohême, comme il était hors de
doute en cas de guerre générale.

L'Espagne et le Portugal ont révélé une singulière apa-
thie dans cette grande lutte pour l'indépendance de la
race latine, car c'était bien là le véritable enjeu. Un noble élan dans cette noble cause eût grandi les deux pays
à leurs yeux et aux yeux de l'Europe; ils ne l'ont pas
compris, et nous les en plaignons plus que nous ne les
blâmons : l'heure du réveil n'a pas encore sonné pour
eux.

Quelques mystérieuses paroles du roi des Belges aux membres de la Chambre des représentants, presque aussi mystérieuses que celles du roi de Bavière à ses chambres nous révèlent que l'esprit du roi Léopold Ier s'est livré à une secrète préoccupation. Il y a longtemps qu'on demande à la Belgique des ressources extraordinaires pour fortifier Anvers. On ne se croit donc pas en sûreté à Bruxelles? Mais si nous ne nous trompons, après les journées de février 1848, le roi avait offert d'abdiquer; nous espérons que jamais plus il ne surgira pour sa couronne d'autres dangers que ceux qu'il aurait gratuitement provoqués; toutefois ce prince étant allié à la maison d'Angleterre et à celle d'Autriche, nous ne saurions voir dans les fortifications d'Anvers qu'un désir d'aller s'y enfermer sous la protection de l'Angleterre. Espérons que le bon sens de la nation belge fera justice de cette singulière politique que rien dans la conduite de la France n'a encore autorisée. Espérons que cette indépendance qu'elle a noblement conquise, la Belgique saura la mettre à l'abri des dangereuses combinaisons politiques de l'Angleterre et de l'Autriche.

Nous ne pensions pas, en vérité, que la paix de Villafranca irait porter la lumière dans tant de recoins obscurs de la politique générale. On a dit, il est vrai, que la prépondérance française serait le seul résultat réel de la lutte qui vient de finir. On se trompe, cette prépondérance existait avant la lutte, et elle est tout à fait indépendante de l'action de la France au dehors.

La France impériale est essentiellement prépondérante par elle-même au milieu de la société européenne, parce qu'elle offre, avec tous les Etats qui l'entourent, le plus heureux contraste. La joie immense qui a accueilli la nouvelle de la paix comme celle de nos triomphes, joie que ni quelques esprits chagrins, ni quelques esprits brouillons n'ont pu troubler, révèle la cause réelle de cette prépondérance : l'entente la plus absolue entre la nation et le gouvernement ; on voulait faire croire au dehors que la guerre qui vient de finir n'était pas populaire en France ; les résultats de l'emprunt, l'enthousiasme des soldats ralliant leur drapeau, l'héroïsme de ceux qui accoururent les premiers sur le champ de bataille ont fait justice de ces suggestions. Mais aussi sans cette prépondérance dont nous venons de signaler la seule cause, sans cette France qui sait ce qu'elle veut, quel eût pu être le sort de l'Europe ? Sa situation d'hier, qui est, jusqu'à un certain point, encore celle d'aujourd'hui, va nous le dire.

. En Angleterre l'ancienne aristocratie à la porte de laquelle viennent frapper impérieusement tant de questions brûlantes, cette aristocratie voulait ranimer de vieilles haines pour imposer silence aux besoins nouveaux qui se font jour sur le sol anglais et qui réclament satisfaction. Or, qui pourrait douter qu'aux premiers revers de la France, cette Angleterre, abusée et conduite par son aristocratie, ne fût pas sortie de sa neutralité armée pour se ranger du côté des ennemis de la France et leur prodiguer une nouvelle fois ses trésors ?

La considération même que, la France à bas, elle se trouverait directement face à face avec la Russie dont le fantôme l'épouvante, n'eût pas fait hésiter cette aristocratie incorrigible. Elle eût préféré l'humiliation de cette noble rivale, dont la générosité même est un crime à ses yeux, parce qu'elle ajoute à sa grandeur. Mais cette humiliation eût-elle profité au peuple anglais ? Nous ne le pensons pas. Il n'est pas dans l'histoire une alliance dont le peuple anglais ait plus à se louer, dont il ait tiré un plus grand profit que de celle avec la France impériale. Or, qui est-ce qui compromet sans cesse cette alliance ? Est-ce le gouvernement français ? Non, sans doute, et chaque fois qu'elle a été menacée, qui est-ce qui l'a maintenue ? sont-ce les torys, sont-ce les whigs ? Nullement, c'est la sagesse de Napoléon III qui a servi de bouclier à l'alliance anglaise, si profitable au peuple anglais.

Et c'est encore cette sagesse qui vient de ravir à l'aristocratie anglaise une occasion d'abuser le peuple sur ses véritables intérêts, qui sont tous contraires à l'abaissement de la France.

Mais si la puissance de la France est devenue pour les peuples, quelle que soit leur constitution, un besoin absolu depuis la révolution française, c'est pour les peuples du continent et surtout pour l'Allemagne.

Jamais en effet ce pays, trompé cruellement et par ses gouvernements et par ceux qui se disent ses libérateurs politiques, n'a offert, même aux plus mauvais jours, de plus déplorable spectacle.

A défaut de sagesse politique, la reconnaissance pour Napoléon Ier eût dû la rendre circonspecte dans sa conduite à l'égard de son héritier, car, sans Napoléon Ier, l'Allemagne serait encore aujourd'hui gouvernée par près de mille souverains, et de toutes les grandes choses qui se sont réalisées chez elle, par suite de la révolution française et de l'empire, il n'existerait pas de trace.

Mais chez ce peuple calme, instruit, et qui a manifesté des aptitudes sérieuses pour le progrès politique, les calomnies les plus absurdes ont trouvé du crédit, les armes les plus indignes d'un grand peuple ont trouvé des bras pour les manier. On n'a pas seulement oublié les bienfaits, on a pardonné les plus sanglantes injures. L'aristocratie du Hanovre et celle du Wurtemberg, les ennemis les plus acharnés des libertés allemandes, ont déployé leur drapeau, et l'Allemagne libérale a couru se ranger à son ombre ; la Bavière, ce pays modèle du désordre pour l'administration intérieure et de la politique brouillonne pour ses relations au dehors, on a trouvé naturel qu'elle jouât un grand rôle. Quant à la Prusse, sans vouloir encore la suspecter, nous croyons qu'elle était restée fidèle à ses traditions, et qu'il ne tenait qu'à l'Autriche de lui faire jouer le rôle d'Atalante pendant qu'elle, Autriche, eût atteint le but. Admettons maintenant que toute question de préséance, de commandement, d'indemnité eût été réglée, que l'armée bavaroise eût pu enfin sortir de ses garnisons, que la landwehr wurtembergeoise eût pu s'arracher à « l'abondance égyptienne » de ses cantonnements, pour se ranger sous la bannière de la Prusse, condition suprême, absolue de toute concentration des forces allemandes, et que le Rhin eût été témoin d'une lutte gigantesque entre deux nations faites pour vivre en paix et en bonne harmonie. Le parti rouge se fût-il tenu tranquille sur les derrières des armées ? Nous en doutons, car si ce parti poussait à la guerre, c'est qu'il espérait profiter de l'absence de ces armées pour réaliser des projets que la sagesse et l'énergie de Napoléon III a seules pu les contraindre à ajourner, espérons-le, pour toujours. Si les rois étaient sortis vainqueurs de la lutte, il est évident que les aristocraties n'eussent plus laissé exister le moindre vestige en Allemagne de ces libertés contre lesquelles ils avaient tiré l'épée en déclarant la guerre à la France.

Qui pourrait encore se faire la moindre illusion sur ce qui s'est passé en Allemagne depuis quelques mois ? On cherchait à organiser une croisade contre la France sous toutes sortes de prétextes. Le véritable était qu'on voulait asservir la liberté de l'Europe en asservissant la France. Quand le nouvel Épiménide allemand sortira de son sommeil, il sera frappé de stupeur en envisageant la vérité ; il reconnaîtra que la paix de Villafranca a sauvé les libertés de l'Allemagne, et il rendra justice à l'homme qui aura plus fait pour ces libertés que tous ces tribuns incapables de rien fonder après avoir tout détruit, et que l'on rencontre toujours prudemment à distance des champs de bataille.

Personne ne connaît mieux l'Allemagne que Napoléon III ; il n'a pas voulu que l'on conduisît un peuple abusé comme un troupeau qu'on mène à la boucherie ; il n'a pas permis que quelques hommes incorrigibles, et jusqu'à ce jour irresponsables, couvrissent l'Europe de ruines, fissent reculer peut-être de plusieurs siècles le progrès et la civilisation. Ils triomphaient déjà, ils disaient hautement avoir signé à leurs soldats des feuilles de route pour Paris ; ils avaient espéré que leurs provocations dépasseraient la modération de l'Empereur, et la paix de Villafranca est venue les frapper comme un coup de foudre.

Étrange destinée ! les gouvernements allemands et leur ennemi le plus implacable, la république rouge, ont éprouvé, à la nouvelle de la paix, le même désappointement, car tous deux voyaient dans Napoléon III un ennemi à combattre. Espérons que la lumière éclairera tous ceux, en Allemagne, qui se trouvent placés entre ces deux extrêmes. Les amis d'une sage liberté, d'un sage progrès, les hommes qui sentiront que nous avons à fonder et non à détruire, que la France et l'Allemagne ont mille motifs de s'estimer et de se rapprocher, aucun de se haïr, ces hommes sentiront aussi que les questions de prépondérance pendantes entre les Hohenzollern et les Habsbourg n'ont rien de commun avec la grandeur et la puissance de l'Allemagne qui se trouvent, au contraire, compromises par ces questions.

La France ne doit pas craindre l'Allemagne, n'y eût-il plus demain aucune jalousie, aucune querelle entre les princes qui la divisât. Aussi longtemps que l'Allemagne ne professera pas les principes auxquels la France doit sa force, elle n'est pas à craindre pour nous, et, lorsqu'elle sera assez sage pour les pratiquer, l'Allemagne sera une sœur de la France.

Oui, une sœur de la France, à laquelle les ennemis connus ou secrets de ses libertés comme de sa puissance l'empêchent seuls de donner la main. Aussi longtemps que la France et l'Allemagne seront ennemies, il n'y aura pour cette dernière aucun progrès politique possible, parce que ce progrès sera toujours reculé par les guerres provoquées sous le faux-semblant d'un faux patriotisme et qui noieront dans le sang ses libertés si laborieusement et si douloureusement conquises.

L'Allemagne sera-t-elle donc toujours aveugle? Voici une armée victorieuse parmi toutes qui rentre en France, et personne ne tremble, personne ne s'émeut, on ne songe même pas à croire les institutions en danger. En serait-il de même en Allemagne si demain ses armées rentraient après avoir vaincu la France? Que le passé serve de leçon à l'Allemagne, et qu'au lieu de haïr la France, elle cherche à l'aimer et à l'imiter.

Que nos voisins d'outre-Rhin y songent bien, la paix de Villafranca les a préservés, probablement pour toujours, de cet aveugle esprit de réaction qui animait l'Autriche. Qu'on ne se trompe toutefois pas sur les projets de l'Empereur à l'égard de cette dernière.

Napoléon III a pu ne pas vouloir que les clefs de la France fussent à Vienne par l'asservissement du Piémont; il a pu ne pas vouloir que le volcan italien menaçât incessamment la paix de l'Europe, mais il est trop grand politique pour ne pas comprendre la nécessité d'un fort empire autrichien. Si le gouvernement autrichien persiste dans son déplorable système, il périra par ses propres folies ; mais nul plus que Napoléon III ne peut désirer de voir cet empire se consolider par un sage développement intérieur. Nul ne saurait lire dans l'avenir, les amis du jour sont les ennemis du lendemain, et, dans le système de l'équilibre européen qui n'est pas si près d'avoir fait son temps qu'on voudrait bien l'insinuer, l'existence d'une Autriche forte est une nécessité qui domine de bien haut l'ambition de tribuns de la façon de Kossuth. La Hongrie peut être heureuse avec sa couronne sur la tête d'un Habsbourg, et, pour qui connaît ce pays, l'empereur d'Autriche, roi de cette fière aristocratie hongroise et de ce brave peuple des magyares, a droit de dire au tribun comme Auguste à Cinna :

> Mais oses-tu penser que les Serviliens,
> Les Cosses, les Métels, les Pauls, les Fabiens
> Et tant d'autres enfin de qui les grands courages
> Des héros de leur sang sont les vives images,
> Quittent le noble orgueil d'un sang si généreux
> Jusqu'à pouvoir souffrir que tu règnes sur eux ?

Voilà des considérations qui ont pu avoir leur poids de part et d'autre dans l'entrevue de Villafranca et dans ses résultats.

Et Dieu veuille qu'enfin l'Europe comprenne que les trônes n'ont pas de plus ferme soutien que Napoléon III, sans cesse préoccupé de pratiquer et de faire adopter partout cette sage maxime : que *l'autorité monarchique et la liberté du peuple ne sont point ennemies, et ne doivent ni se combattre, ni se détruire, qu'au contraire c'est sur la parfaite intelligence de l'autorité et de la liberté que doit être fondé le bonheur du monde* (1).

Qu'on ne l'oublie pas, si Napoléon III avait voulu, lui, répondre par une croisade des peuples à celle que les gouvernements ourdissaient contre lui, nul doute qu'il eût pu exercer de terribles représailles. Il ne l'a pas voulu, il a voulu maintenir l'autorité là même où les représentants de cette autorité avaient le plus follement oublié leurs devoirs, et on ne tardera pas à reconnaître combien l'Empereur avait le droit d'augurer dans son dernier discours, « que l'avenir révélerait chaque jour davantage les heureux résultats de la paix, pour le bonheur de l'Italie, l'influence de la France, le repos de l'Europe. »

(1) D'Argenson, *Gouvernement de la France.*

Si nous envisageons en effet cette paix au point de vue de l'Italie, nous ne pouvons assez admirer la sagesse de celui qui l'a dictée. Au nord, le gardien des clefs de la France, du côté des Alpes, est devenu le chef moral d'une confédération qui renferme en elle le germe de tout progrès comme les conditions de tout développement. Union douanière, union des entreprises des chemins de fer, manœuvres, camps, exercices militaires en commun, diète politique ; de tous ces éléments propres à conserver, d'une part, les traditions fédératives de l'Italie, de l'autre, à lui assurer les bienfaits d'une sage centralisation, rien n'est contraire à l'esprit de la convention de Villafranca. Les ultras de toute espèce contenus dans de justes limites, et même réduits à l'impuissance par la modération, comme par l'énergie de l'Empereur, voilà les résultats obtenus quant à l'Italie. Aux Italiens de montrer maintenant s'ils sont dignes de ce qu'on a fait pour eux.

Pour la France, dans l'histoire des traités de paix, nous n'en rencontrons aucun de plus glorieux ni de plus profitable que celui dont Napoléon III vient de jeter les bases. Ni l'injustice des uns ni la froideur des autres ne l'arrête, lorsqu'il croit nécessaire de tirer l'épée pour l'honneur et la sécurité de la France. Sa marche se signale par des victoires, dont plusieurs atteignent le lustre des plus mémorables du premier empire. Mais l'intérêt de la France et celui de l'Europe le guident, et les succès durables ont toujours tenu dans son esprit la plus grande place. Ces batailles, ces victoires ne sont pas le but du souverain français, elles ne sont que le moyen pour atteindre à celui qu'il s'est proposé.

Jeune encore, dans l'exil, il prête l'oreille à une voix secrète qui lui parle d'un avenir plein de labeur, de dangers, de veilles, de grandes souffrances morales, mais cette voix lui parle aussi de devoirs sacrés à remplir. La Providence avait confié à un grand homme une mission qu'il ne lui a pas accordé de remplir, c'est à sa famille que l'accomplissement de cette mission est réservé. Et ce jeune homme n'aurait pu lire ainsi dans l'avenir, s'il n'avait été appelé par la Providence à l'œuvre que nous le voyons achever aujourd'hui. Il sent que son rôle sera militant, parce que la cause qu'il doit défendre n'a pas encore vaincu, et ses études militaires marchent de front avec ses études politiques. Napoléon Ier avait inventé une tactique nouvelle, lui, il change le sort des batailles par une arme nouvelle, et il étonne le monde par ses combinaisons contre lesquelles quarante ans de préparations sérieuses de la part de ses adversaires n'ont pu les garantir. Et, malgré ces succès qui lui font la part la plus belle dans la victoire, rien ne l'enivre, rien ne l'entraîne. Mais il sera tout aussi inaccessible aux vaines clameurs, car s'il avait à se légitimer, un avenir prochain se chargerait de ce soin. Les résultats de la guerre de Crimée et de la paix qui l'a suivie, disent assez ce que nous avons à attendre de celle de Villafranca. Mais que parlons-nous d'attendre, lorsque ces résultats nous frappent déjà de toutes parts ! Cette coalition qui s'organisait contre la France donne le spectacle de la plus honteuse déroute ; ces gouvernements qui nous haïssent se voient la risée de leurs peuples, et que sera-ce lorsque toute la vérité reluira au grand jour !

La France a acquis par la modération de Napoléon III une influence comme nulle conquête, nulle extension de territoire n'aurait pu la lui assurer. Nos institutions comme notre indépendance sont protégées par une armée sans égale et commandée par un chef qui s'est révélé aussi grand capitaine qu'il était grand homme d'Etat.

Que l'on se représente la France sous Louis XIV, comme sous le premier empire, à l'apogée de son influence, et que l'on dise si elle était, même alors, ce que l'a faite la paix de Villafranca ! Elle n'est l'obligée de personne, et s'il entre dans son cœur un sentiment à l'égard des auteurs de la puérile coalition qu'on fomentait contre elle, ce ne peut être que celui de la pitié.

Ce n'est donc rien moins qu'une ère nouvelle qui commence pour la patrie. Ceux qui soupçonnaient l'ambition de Napoléon III sont confondus ; ils doivent reconnaître que l'Empereur n'en eut d'autre que celle de sauvegarder les intérêts de la France, inséparables de ceux de l'Europe.

Découragés désormais, les hommes d'un autre âge viendront peut-être à résipiscence; ils sentiront le besoin de s'appuyer sur leurs peuples et de chercher dans leur confiance le remède véritable contre l'anarchie qu'ils ont aidé à provoquer par leur propre folie. Ainsi se trouvera close en Europe cette révolution contre les abus attentatoires à la dignité humaine, qui ont provoqué le grand et légitime mouvement de 89.

Nous n'hésitons pas à le dire , malgré la puérile levée de boucliers dont nous sommes témoins en Angleterre, malgré le désappointement des gouvernements allemands, la paix de Villafranca rapprochera de la France, dans un avenir très-prochain, tous les gouvernements et tous les peuples, et alors cette grande idée d'un aréopage pour régler les différends européens dont Napoléon III avait fait, par le congrès de Paris, un essai qui méritait un autre sort que celui qu'il a rencontré au delà du Rhin, se représentera aux esprits calmés, et une paix durable deviendra possible, parce que la paix sera le fruit d'une manifestation de la raison générale des peuples, et non le résultat de combinaisons étroites, de petites passions calmées, de petits intérêts satisfaits.

C'est avec regret que nous avons vu en France une petite Eglise se séparer de la nation pour donner quelques stériles coups d'épingles à cette convention de Villafranca. Il est des gens pour qui le baromètre de la Bourse est celui de l'opinion, et pourquoi pas? Les deux milliards 500 millions offerts à l'Empereur pour les besoins de la guerre, l'immense joie avec laquelle a été accueillie dans la moindre cabane l'annonce de la paix, cela ne pèse pas, à beaucoup près, selon les vues de ces gens, dans la balance politique autant que 50 centimes de baisse à la Bourse. Quand donc certains hommes devenus impossibles par leur propre faute, certains autres devenus inutiles par la force des choses, comprendront-ils que les partis comme les factions ont été condamnés sans appel par le même décret qui a appelé Louis-Napoléon à la présidence, légitimé le coup d'État et enfin acclamé l'Empire? Or, ce décret ne vient-il pas d'être encore renouvelé deux fois en quatre mois, et par le résultat de l'emprunt, et par la manifestation qui a accueilli la paix?

Qu'ils imitent donc l'Empereur vainqueur de lui-même

à Villafranca et ne voulant se laisser dominer par aucune autre considération que celle des intérêts de la France. Jamais le pays n'a été plus grand, jamais on n'a pu être plus fier de le servir. Nous voyons en ce moment en Angleterre pratiquer la folie du patriotisme, pratiquons-en la raison. Jadis Coblentz était odieux, aujourd'hui il ne saurait plus être que ridicule, et l'on sait quel est le sort des victimes du ridicule dans notre pays.

Quelle que soit l'opinion sur la situation actuelle de la France, une chose est certaine, c'est que tous les peuples en jalousent le peuple, comme tous les souverains en jalousent le chef. Il y a là, ce nous semble, de quoi contenter chez tous les deux la plus noble ambition, et « quand la France est satisfaite, le monde est tranquille. »

Paris. — Imp. de Pommeret et Moreau, 42, rue Vavin.